KARL POLAK · ARTHUR BAUMGARTEN

KARL POLAK

ARTHUR BAUMGARTEN

AKADEMIE-VERLAG · BERLIN

1959

ARTHUR BAUMGARTEN

ZUM 75. GEBURTSTAG

dargebracht von der

SEKTION FÜR STAATS- UND RECHTSWISSENSCHAFT

DER DEUTSCHEN AKADEMIE DER WISSENSCHAFTEN

ZU BERLIN

Das Werk Arthur Baumgartens steht in der Geschichte der bürgerlichen Staats- und Rechtswissenschaft scharf profiliert da wie das keines anderen bürgerlichen Staatsdenkers unserer Zeit.

Als Staats- und Rechtsdenker soll Arthur Baumgarten hier gewürdigt werden. Wir wollen uns nicht vermessen, ihn hier als Philosophen und Erkenntnistheoretiker zu betrachten. Die Staats- und Rechtslehre nimmt im Denken Arthur Baumgartens einen zentralen Platz ein. Philosophie und Erkenntnistheorie dienen ihr gleichsam. Wie oft bei den großen Naturwissenschaftlern die Philosophie und Erkenntnistheorie als das letzte Resultat der erkenntnistheoretischen und der philosophischen Verallgemeinerung ihrer naturwissenschaftlichen Erkenntnisse darstellt, als solche aber oft als Interpretation abstrakter Theoreme stehenbleiben, so münden bei Arthur Baumgarten die errungenen philosophischen und erkenntnistheoretischen Erkenntnisse unmittelbar in sein Hauptanliegen ein: in die Lehre von der menschlichen Gesellschaft und ihrer Entwicklung und damit in die Lehre vom Staat und Recht; sie bereichern diese ständig und festigen ihre Fundamente.

Wie den großen Denkern der Aufklärung, so ist auch ihm die menschliche Gesellschaft das Hauptanliegen. Nicht allein in der Thematik, sondern auch in der wissenschaftlichen Absicht: die Erkenntnis figuriert als Wegbereiter zur Beherrschung des gesellschaftlichen Entwicklungsprozesses, wodurch allererst das Denken seine Souveränität erhält.

Das geistige Schaffen Arthur Baumgartens fängt gleich nach dem ersten Weltkrieg an. Sein Werk spiegelt ganz den Stempel der tiefen Krise, in die die bürgerliche Gesellschaft und auch die bürgerliche Wissenschaft in dieser Entwicklungsphase geraten waren, als nach der Oktoberrevolution die neue politische Macht, die proletarische Macht, ihre ungeheure Wirksamkeit auf die alte bürgerliche Welt auszuüben begann.

Alle Versuche der bürgerlichen Wissenschaft, dieses Ereignis zu verleugnen, konnte den Einschnitt, den die Oktoberrevolution für die Menschheitsgeschichte bedeutete, nicht aus der Welt schaffen: ein neuer Weg der Menschheitsentwicklung war geöffnet, der Beginn eines neuen Abschnittes der Menschheitsgeschichte offenbar geworden. Mit der Fortbewegung auf eine höhere Stufe der Entwicklung wurde zugleich die Geschichtlichkeit der menschlichen Entwicklung wieder zu einer neuen, nicht zu verleugnenden Tatsache – der Umstand, daß sie eine Entwicklung vom Niederen zum Höheren darstellt, die Aufhebung des Niederen durch das Höhere.

Zu Ende war es mit der Illusion der bürgerlichen Ideologie, die bürgerliche Gesellschaft sei die letzte Gesellschaftsformation – mit ihr sei die Geschichte zu Ende. Die Tatsache, daß die Entwicklung der Gesellschaft ein naturhafter Prozeß ist, ein Entwicklungs*prozeß*, wurde wieder deutlich. Und mochten die bürgerlichen Ideologen sich noch so sehr gegen diese Erkenntnis versperren, die Tatsache der proletarischen Bewegung und der proletarischen Revolution – die Tatsache, daß diese gewaltige Kraft die bürgerliche Gesellschaft aus den Angeln hebt, war da. Die negativen Züge der bürgerlichen Ideologie, deren Grundlage die These ist, die bürgerlich-kapitalistische Gesellschaft sei die letzte Entwicklungsphase der Menschheit, verstärken die apologetischen, erkenntnisfeindlichen Züge der bürgerlichen Ideologie. Die Tatsache, daß diese Ideologie keine Erkenntnis der Entwicklung zum Ausdruck brachte, sondern nur Abbild des bestehenden Zustandes der kapitalistischen Machtverhältnisse war, mußte nun klarer und quälender hervortreten, und damit zugleich auch das Unvermögen des Bürgertums, auf die Grundfragen der Geschichte und der Menschheitsentwicklung eine klare Antwort zu geben.

Baumgarten schreibt über sich selbst in dieser ersten Epoche seines Schaffens unmittelbar nach dem ersten Weltkrieg:

„Nach dem ersten Weltkrieg war es den meisten Menschen klar, daß eine durchgreifende Umgestaltung unserer Gesellschaft erfolgen müsse, wenn ähnliche Katastrophen vermieden werden sollten. Woher kann man die erforderliche Reform an Haupt und Gliedern erwarten?, so fragten sich damals Millionen, so fragte auch ich mich. Daran, daß sie aus dem Osten kommen könnte, dachte ich nicht."[1]

Die alten ideologischen Positionen der bürgerlichen Staats- und Rechtswissenschaft der Epoche vor 1914 sind vor allem gekennzeichnet durch die unverhüllte Berufung auf die politische Macht als das Fundament des Staates und Rechts und ihrer Wissenschaft, durch die Abwesenheit ernster Versuche, diese Macht und damit Staat und Recht auf anderen Fundamenten als die pure Macht aufzubauen. Solche Ideologien reichten nach dem Siege der Oktoberrevolution nicht mehr aus. Die bürgerliche Macht war erschüttert – sie konnte sich nicht mehr aus sich selbst, aus ihrer puren Existenz rechtfertigen. Sie mußte nach geschichtlichen, „erkenntnistheoretischen", „logischen" Rechtfertigungen suchen, und so beginnt nun in der bürgerlichen Theorie die Konstruktion solcher „Rechtfertigungen" des bestehenden Zustandes der bürgerlich-kapitalistischen Machtverhältnisse.

[1] Baumgarten, A., Die deutsche Wissenschaft in ihrem Verhältnis zur Sowjetunion. Berlin 1952, S. 4.

In dieser Epoche der politischen Entwicklung der bürgerlichen Herrschaft entfaltet Arthur Baumgarten sein geistiges Schaffen, dessen erste Periode in die Epoche der Weimarer Republik des rapiden Niedergangs der bürgerlichen Demokratie und des Liberalismus bis zum Machtantritt des Faschismus fällt. Der politische Zerfall ist von dem ideologischen begleitet. Sowohl in der Sphäre der Ideologie des Reformismus wie der Ideologie des liberalen Bürgertums machen sich leichtfertige ideologische Konstruktionen – ein geistiger Scharlatanismus – breit. Statt der Wirklichkeit der ideologischen Krise ins Auge zu sehen und an ihr die Denkkraft zu entwickeln, gibt es eine wahre Konjunktur von Konstruktionen, die sie verkleistern sollen.

Baumgarten ist der einzige der führenden Staats- und Rechtstheoretiker dieser Epoche, der diese Krise selbst tief, mit stets steigender Bewußtheit als Krise durchlebt.

Für die große Mehrzahl der bürgerlichen Staats- und Rechtstheoretiker dieser Zeit handelt es sich bei dem, was vor sich geht, um notwendig gewordene Korrekturen, die an der alten Ideologie vorzunehmen sind, gleichsam um eine Angliederung an die sich immer mehr faschisierenden Machtverhältnisse, was dann auch meist in großer Raschheit und ekelerregender Skrupellosigkeit vorgenommen wird.

Baumgartens Stellungnahme zu der geistigen Lage der bürgerlichen Staats- und Rechtswissenschaft – die sich sehr bald zu einer Stellungnahme zur bürgerlichen Wissenschaft überhaupt ausweitet – unterscheidet sich von derjenigen aller anderen bürgerlichen Wissenschaftler grundlegend.

Das entscheidende Kriterium für die Wissenschaftlichkeit ist ihm nicht die Übereinstimmung der bürgerlichen Staats- und Rechts-Ideologien mit den herrschenden Formen der gesellschaftlichen und politisch-staatlichen Macht. Das Kriterium für die Wissenschaftlichkeit ist ihm vielmehr – und in diesem Punkt steht er als einziger da – die Tatsache, ob die Theorie geeignet ist, die bestehenden gesellschaftlichen Formen des Lebens – das Verhältnis der Gesellschaft zum Menschen und der Menschen untereinander – vor dem denkenden Zustand zu rechtfertigen; ist die Frage: ruht in ihnen das, was allein die Staats- und Rechtswissenschaft als Wissenschaft von der staatlichen und rechtlichen Gemeinschaft zu rechtfertigen in der Lage ist, die Bewußtheit über den Gang der Menschheitsentwicklung, die Verantwortlichkeit für diese Entwicklung und die menschliche Solidarität? Baumgarten greift, um die Fundamente der Wissenschaft zu gewinnen, nicht zu den faktischen Machtverhältnissen der imperialistischen Gesellschaft. Er greift die Fragestellung des Naturrechts und der Aufklärung wieder auf.

Die wissenschaftlichen Grundlagen dieser heroischen Epoche der Entwicklung der Bourgeoisie sind ihm nicht Zierat zur Ausschmückung der miserablen Gegenwart. Sie sind vielmehr Grundlage seines Denkens. Sie werden ihm zum Maßstab, an dem er die Gegenwart mißt.

Baumgarten tritt von Anbeginn in die wissenschaftliche Arena mit dem Versuch, diese geistigen Fundamente, die einst den Höhepunkt der bürgerlichen Wissenschaft bestimmten, zu erneuern. Dies allerdings geschieht zu einem Zeitpunkt, da die bürgerliche Gesellschaft und die bürgerliche Klasse ihrem geistig-moralischen Tiefstand mit raschen Schritten entgegengingen. Hier zeigt sich schon Baumgartens Bruch mit der bürgerlichen Klasse an; er ist darum im Werke Baumgartens keineswegs zufällig. So wird sein Werk zu einer heftigen Anklage gegen die amtliche bürgerliche Wissenschaft in der Epoche nach dem zweiten Weltkriege. Er stellt fest, daß in ihr nichts mehr von diesem alten Wissenschafts-Ethos ist, das einst in der Epoche der bürgerlichen Revolution und deren Vorbereitung der Vernunft im Staate zum Siege verhelfen und den denkenden Verstand zur Grundlage der politischen Praxis und des Rechts erheben sollte.

Baumgarten schreibt von sich selbst, daß sich ihm die Oktoberrevolution erst „später als eines der wichtigsten Ereignisse der Weltgeschichte enthüllte".[1] Aber doch sieht Baumgarten mit aller Deutlichkeit, daß angesichts des hellen Lichtes der Oktoberrevolution auch in der bürgerlichen Wissenschaft die politischen Grundfragen sich wieder auf die Tagesordnung stellen mußten: Was sind der Sinn und die Gesetzmäßigkeit der Menschheitsentwicklung? Alle Völker waren erwacht – das gesellschaftliche Bewußtsein war in eine höhere Stufe seiner Entwicklung getreten. Der Widerspruch der kapitalistischen Gesellschaft und des bürgerlichen Staates zu den wirklichen Bedürfnissen der Menschen und zu der Gesetzmäßigkeit der Entwicklung der Geschichte war nicht mehr zu verdecken. Dieser Widerspruch wurde zur Achse der Entwicklung. Das wirkliche Wesen der bürgerlichen Wissenschaft – Apologetik der bürgerlich-kapitalistischen Macht zu sein – drängte sich immer mehr auf. Die alten ungelösten Probleme der bürgerlichen Wissenschaft mußten von neuem erscheinen. Jetzt, da das Wesen des bürgerlichen Staates krasser hervortrat, bedurfte es der ideologischen Verbrämung, der Ausschmückung der Verhältnisse, der „Blumen um die Ketten", des bürgerlichen

[1] Baumgarten, A., Die deutsche Wissenschaft in ihrem Verhältnis zur Sowjetunion. Berlin 1952, S. 4.

Staats und Rechts, um dem bürgerlichen Leben und der bürgerlichen Gesellschaft den Schein eines Sinns zu geben oder in ihrem Recht gar eine unabdingbare Logik zu finden.

Baumgarten läßt all diese Ideologien Revue passieren und verwirft sie alle als zu leicht befunden. Seine Maßstäbe sind andere. Er will den Zugang zu den Fundamenten der Gesellschaft selbst und stellt umfassend die Frage: Welches ist die in allen diesen ideologischen Gebilden lebende Rechtsidee? Er lehnt es ab, den bestehenden Zustand der gesellschaftlichen Verhältnisse, auf denen das Staats- und Rechtsgebäude zu errichten ist, als vorgegeben, als präexistent hinzunehmen. Er kehrt zu der alten Fragestellung des Naturrechts und der Aufklärung zurück, nach der Rechtfertigung von Staat und Recht aus dem denkenden Verstand, der gesellschaftlichen Verantwortlichkeit und Solidarität.

Für Baumgarten ist die Frage nach dem Staat und dessen Recht und ihrer Ideologie die Frage nach ihren Beziehungen zur Gesellschaft am wirklichen Leben der Menschen. So dringt er zu der alten Fragestellung des Naturrechts und der Aufklärung durch, die in der Zeit, in der Baumgarten sie stellte, ganz neu erscheinen mußte. Er stellt die Frage nach der Entwicklung der Gesellschaft, der Menschheitsentwicklung, der in ihr herrschenden Gesetzmäßigkeit und Notwendigkeit. Dies aber geschah keineswegs aus rein theoretischem Interesse, sondern aus der Einsicht in höchst praktische Notwendigkeiten. Der denkende Verstand, auf den er Staat und Recht stellen will, ist ihm die Grundlage der Praxis – des Staates als Ganzem wie auch des Einzelnen. So soll die Lehre vom Staat und Recht das Mittel, der Hebel, werden für eine dem denkenden Verstand entsprechende gesellschaftliche Praxis. – So stellt Baumgarten die Frage nach der Gesellschaft.

Baumgarten vermochte als bürgerlicher Theoretiker die Fragen in dieser Weise zu entwickeln, weil er streng die Position des Naturrechts und der Aufklärung bezieht und von hier aus zum universalen Philosophen emporwächst, sich das ganze philosophische Wissen der Vergangenheit aneignet. Dies geschieht zu dem Zwecke, sie mit der Apologetik seiner Zeit zu konfrontieren – und hier sind wieder die Wurzeln seines späteren Überganges zum Marxismus.

Noch war Baumgarten nicht zu der Erkenntnis gelangt, daß er es bei seinen geistigen Gegnern nicht mit der Äußerung des denkenden, die Gesellschaft als Ganzes erfassenden Verstandes und damit auch von Äußerungen der gesellschaftlichen Verantwortlichkeit zu tun hat. Es sind dies vielmehr Ausdrücke, deren Motiv die Überzeugung von der Notwendigkeit des bestehenden Zustandes der bürgerlich-kapitalistischen Gesellschaft ist, wobei eben die bürgerlich-kapitalistische Gesellschaft für die Gesellschaft überhaupt, für ihre letzte und unüberwindliche Form gehalten wird. Es sind darum Ausdrücke der Apologetik und der Spontaneität.

„Die Rechtswissenschaft der Vorkriegszeit",[2] schreibt Baumgarten später, „ist in ausgesprochener Weise positivistisch eingestellt, sie ist philosophisch indifferent und naturrechtsfeindlich. Im französischen juristischen Schrifttum figurieren eher als im deutschen höchste Rechtsgrundsätze, die Prinzipien von 1789 sind nicht ganz vergessen, aber auch hier spielen sie meist eine Statistenrolle. Überhaupt kommen die Juristen aller Länder bisweilen auf rechtsphilosophische Fragen zu sprechen, aber sie tun es sozusagen in Mußestunden, nicht in engerem Zusammenhang mit ihrer fachlichen Arbeit. Nelson trifft den Nagel auf den Kopf, wenn er in seinem 1917 erschienenen Buche die zeitgenössische Rechtswissenschaft als „Rechtswissenschaft ohne Recht" bezeichnet, ohne Recht, d. h. ohne leitende Rechtsidee."[3]

[2] Gemeint ist der zweite Weltkrieg.

[3] Baumgarten, A., Die Geschichte der abendländischen Philosophie. Leipzig 1949, S. 529/530.

Baumgarten erwarb sich so seinen gesicherten Platz in der Entwicklung der Staats- und Rechtstheorie der ersten Hälfte des zwanzigsten Jahrhunderts, weil er – als einziger bürgerlicher Staats- und Rechtsdenker – dem Denken treu blieb: dem denkenden Verstand, der notwendig zur gesellschaftlichen Bewußtheit, zur menschlichen Solidarität führt und mit derselben Notwendigkeit zum politischen Kämpfertum. Baumgarten hat das bürgerliche Denken bis zu Ende durchdacht, in all seinen Konsequenzen durchschaut und damit erkannt, daß es – in der Epoche des Imperialismus – nicht mehr Denken ist, sondern nichts als der spontane Ausdruck der materiellen Interessen und der politischen Macht. Dies ist die Grundlage seines Bruches mit der bürgerlichen Klasse. Er erkannte die ganze Hohlheit des bürgerlichen Liberalismus und der bürgerlichen Intelligenz, deren völliges Versagen vor der heraufbrechenden Macht der faschistischen Diktatur – ihr Versagen vor der Wissenschaft und dem Volke, die sie nicht nur schändlich im Stich ließen, sondern deren Untergang sie noch beschönigten und feierten.

Baumgartens Werk dieser Epoche ist eine einzige Kritik des bürgerlichen Denkens, eine tief erfaßte Analyse seines Verfalls in die Apologetik mit all den ungeheuerlichen Konsequenzen. Baumgarten ist der große ehrliche bürgerliche Denker und Wissenschaftler, dem das Denken und die Wissenschaft das Höchste und Heiligste sind. Und er scheut kein Opfer! Um der Bewahrung des Denkens und der Wissenschaft willen bricht er mit seiner Klasse, geht zur Arbeiterklasse, bekennt sich freudig zum Marxismus. Das alles ist bei Baumgarten die Konsequenz eines langen und harten Denkerlebens – das wir bei Naturwissenschaftlern sehr viel öfter sehen als bei Geistes- oder gar Staatswissenschaftlern. Er zieht diese Konsequenz ohne alle Konzession, insbesondere sich selbst gegenüber. In Baumgarten steht die Einheit von Denken und Handeln in wunderbarer Vollendung vor uns. Er vollzieht den Abschied vom alten in dem frohen Bewußtsein, damit die Fesseln einer alt gewordenen Zeit abgeschüttelt und vor sich selbst das gewaltige Feld der Betätigung eröffnet zu haben, in dem er seine Talente voll entfalten kann, weil hier Theorie und Praxis zur Einheit werden, der denkende Verstand zur Staatspraxis und damit zur Macht der Neugestaltung der gesellschaftlichen Verhältnisse emporsteigt.

Durch diesen Bruch mit seiner Klasse und den Übergang zur Arbeiterklasse und ihrer Lehre hat Baumgarten sich das geschichtliche Verdienst erworben, in seinem Forscherleben wie in seinem politischen und persönlichen Verhalten den Widerspruch zwischen der bürgerlichen Ideologie der Epoche des Imperialismus und dem denkenden Verstand, der gesellschaftlichen Verantwortung und menschlichen Solidarität aufgedeckt zu haben. Er hat damit – wie kein anderer – die ideologischen Grundlagen der bürgerlichen Staats- und Rechtswissenschaft deutlich gemacht: die Apologetik – die Anbetung der „Macht des Faktischen" als der Quelle des bürgerlichen Denkens, die Macht der Spontaneität über die Bewußtheit, die im Positivismus ihren Ausdruck findet.

Baumgarten ist der große Gegenpol des Positivisten Jellinek, des von der Bourgeoisie auf ihren Thron gehobenen Staats- und Rechtstheoretikers. Mit einer nicht zu überbietenden Offenheit hat Jellinek – 1905 – die positivistische Methode dahin bestimmt:

> „. . . . der Jurist, seiner Beschränktheit sich bewußt, wagt es nicht, in diese Tiefe hinabzusteigen, sondern bleibt in der subjektiven Welt, in der das Rechtsleben sich abspielt und nicht theoretische Erkenntnis, sondern praktisches Handeln herrscht, welches Einheiten schafft und anerkennt, unbekümmert darum, ob sie diesen ihren Charakter auch vor dem theoretischen Verstande rechtfertigen können."[1]

Von hier aus resultiert der Satz, daß das Recht keine andere Begründung haben kann und zu haben braucht, als

[1] Jellinek, G., System der subjektiven öffentlichen Rechte. 2. Auflage. Tübingen 1919, S. 27/28.

Wille der herrschenden Klasse, Gesetz des Staates zu sein; und daß alles Streben als unrealistisch, phantastisch und utopisch verlacht wird, ihm einen gesellschaftlichen Inhalt und eine gesellschaftliche Funktion zu geben. Dies ist das theoretische Fundament des Obrigkeitsstaates. Von hier führt der Weg zur hitlerischen Diktaturmaschine. Radbruch hatte recht, als er – in seinem ersten Aufsatz, den er nach den dunklen Jahren der Hitlerdiktatur schrieb – die Feststellung traf:

> „Mittels zweier Grundsätze wußte der Nationalsozialismus seine Gefolgschaft, einerseits die Soldaten, andererseits die Juristen, an sich zu fesseln: ‚Befehl ist Befehl' und ‚Gesetz ist Gesetz'."[2]

Hier wird erneut sichtbar, daß Baumgartens Kampf darum, dem Recht seine Rechtfertigung aus der Entwicklung der menschlichen Gesellschaft zu geben, ihn auf die Position des Marxismus führen mußte. Denn der Marxismus ist die einzige Wissenschaft von der Entwicklung der menschlichen Gesellschaft; er ist darum die einzige Wissenschaft, die eine Lehre vom Staat und vom Recht hervorbringen kann, in welche die Gesetzmäßigkeit der Entwicklung der Gesellschaft selbst eingeht; ebenso wie der proletarische Staat derjenige Staat ist, in dem die Theorie zu einer die Entwicklung der Gesellschaft entscheidenden Kraft emporwachsen kann.

[2] Radbruch, G., Gesetzliches Unrecht und übergesetzliches Recht. Heidelberg 1946, S. 1.

Dieser Bruch mit der bürgerlichen Klasse beginnt bei Baumgarten mit dem Machtantritt des Faschismus, als deutlich wurde, daß – ebenso wenig wie die bürgerlich-liberale Politik – die bürgerliche Staats- und Rechtsideologie dem aufsteigenden politischen Verbrechertum eine eigene Substanz entgegenzusetzen hatte. Sie wurde zwangsläufig auf den Weg des Verbrechens getrieben und lieferte der Welt ein Beispiel maßloser Schändung des Geistes, der Sittlichkeit der gesellschaftlichen Verantwortung und menschlichen Solidarität. Baumgarten wandte seine Hoffnungen den westlichen Demokratien zu – insbesondere Frankreich und England. Er erwartete von hier ein Wiederaufleben der politisch-moralischen Kräfte des Bürgertums. Aber vergebens. Von den Ideologen des Dritten Reiches, aber auch von den bürgerlich Liberalen angefeindet und verfemt, brachte ihm die Arbeiterklasse – die Schweizer Partei der Arbeit – große Ehrungen entgegen.

Baumgarten durchschaute den tiefen Zusammenhang zwischen Faschismus und Liberalismus in der Epoche des Imperialismus. Der Verrat des Liberalismus an Freiheit und Demokratie macht den Faschismus möglich.

> „Die Ideen der Freiheit und der Demokratie sind, richtig verstanden, ewig. Aber sie sind vom liberal-demokratischen Staate auch nicht annäherungsweise verwirklicht worden. Die Freiheit des Liberalismus war keine schöpferische Freiheit, sondern sie wurde in zunehmendem Maße die Freiheit der Gleich-

gültigkeit gegenüber dem, was wahrhaft nottut, und die Freiheit eines kleingeistigen, verkümmerten Individualismus. Die Demokratie des 19. Jahrhunderts war, selbst bevor sie neben der Plutokratie der Trusts und Kartelle zu einem Scheingebilde wurde, eine Karikatur jener Demokratie, wie sie einst Rousseau sich gedacht hatte. Freiheit und Demokratie können nur innerhalb des Sozialismus ihre Wesensbestimmung erfüllen."[3]

[3] Baumgarten, A., Die Geschichte der abendländischen Philosophie. Leipzig 1949, S. 586.

Wie ein roter Faden zieht sich durch Baumgartens Werk die Erkenntnis der Notwendigkeit, Staat und Recht in der Gesellschaft selbst, im Dasein der Menschen und ihrem Leben, in der Moral, in der Sittlichkeit, zu verankern. Er gibt niemals – wie die bürgerlichen Ideologen seiner Epoche – den Gedanken auf, daß es sich im Recht um Menschen handelt, um die Gestaltung des gesellschaftlichen Zusammenlebens der Menschen, um menschliche Schicksale. Dies nicht nur in dem Sinne eines Humanitätsglaubens, sondern aus der tiefen Erkenntnis heraus, daß, wenn dieses Prinzip als das tragende Prinzip der Staats- und Rechtswissenschaft aufgegeben wird, der Herrschaft des Unbeherrschten, des Spontanen, der Unmenschlichkeit, der Barbarei selbst das Wort geredet wird.

Baumgarten ist der einzige bürgerliche Denker, der sieht, daß durch die Anbetung der „Macht des Faktischen“ und die Beugung der Staats- und Rechtslehre unter die kapitalistischen Verhältnisse, der bürgerliche

Staat sich selbst außerhalb der menschlichen Gesellschaft und der Sittlichkeit stellt. Er sieht weiter, wenn Gesellschaft und Staat nebeneinander und unabhängig voneinander bestehen, wenn Recht und Staat nicht mit der Forderung nach positiver Gestaltung der Gesellschaft auftreten – dies nicht nur dem Bankrott der bürgerlichen Wissenschaft gleichkommt, sondern der bürgerlichen Gesellschaft selbst. Die Frage der Bewußtheit und des Denkens, der Moralität und Sittlichkeit, sind nicht nebensächliche Fragen für die Existenz der Gesellschaft, sondern sie sind Fragen der Existenz der Gesellschaft selbst. Hier ist Baumgarten auf den zentralen Punkt der bürgerlichen Gesellschaft – des bürgerlichen Staates und Rechts gestoßen. Der – gegenüber den Menschen und ihrem Denken – blind wirkenden Macht des Kapitals, von dem Marx sagt, es sei in der bürgerlichen Gesellschaft „selbständig und persönlich, während das tätige Individuum unselbständig und unpersönlich ist"[1], stellen der bürgerliche Staat und sein Recht – wie auch seine Lehre – nichts Selbständiges entgegen.

Baumgarten schreibt in seinem ersten großen, am Ende des ersten Weltkrieges verfaßten Werk „Die Wissenschaft vom Recht und ihre Methode":

> „Wenn wir das Recht für sittlich verbindlich erklären und bei der Auslegung wie bei der Aufstellung der Gesetze letztlich eine Anknüpfung an die Moral suchen, so gehen wir offenbar davon aus,

[1] Marx/Engels, Kommunistisches Manifest. Berlin 1945, S. 18.

daß das summum bonum des einzelnen mit dem der Gesamtheit übereinstimme. Wenn in dieser Beziehung eine Diskrepanz bestände, so wäre es nichts mit der Verankerung des Rechts in der Moral. Denn wie die Moral mit den Zielen des einzelnen, so steht nach allgemeinem Sprachgebrauch das Recht in Zusammenhang mit den Zielen der Gesamtheit. Die Lage der Menschheit wäre eine höchst prekäre, wenn die beiden Ziele nicht schließlich die gleichen wären, denn es hinge dann vom Zufall ab, daß nicht der einzelne Rechtsunterworfene zum Widerstand gegen das gegebene Recht, das zur Rechtsschaffung berufene Individuum zum Widerstand gegen das richtige Recht sittlich verpflichtet wäre. Wer aber bürgt uns dafür, daß ein solcher Übelstand nicht traurige Wirklichkeit ist?"[2]

Hier greift Baumgarten die alte Fragestellung der Aufklärung und der bürgerlichen Revolution wieder auf. Das Recht hat die Aufgabe, die Widersprüche in der Gesellschaft zu überwinden, das Einzelne zum Ganzen aufgehen zu lassen, die Konformität des Willens und der Interessen der Gesellschaftsmitglieder herzustellen. Tut das Recht dies nicht, so lehnt es es ab, die ursprüngliche Einheit von Mensch und Gesellschaft, des Einzelnen und des Ganzen anzuerkennen. Ist dies aber der Fall, so stellt Baumgarten fest, dann ist die „Lage der Menschheit .... eine höchst prekäre". Aber wer bürgt dafür, fragt Baumgarten, daß das „nicht traurige Wirklichkeit ist".

[2] Baumgarten, A., Die Wissenschaft vom Recht und ihre Methode. Tübingen 1922, S. 537.

Hier ist die bürgerliche Staats- und Rechtslehre in ihrem Kern getroffen und auf ihr Grundübel hingewiesen. Die von Baumgarten gestellte Frage: Liegt der bürgerlichen Staats- und Rechtswissenschaft überhaupt noch ein philosophisches Weltbild, eine Vorstellung von der Gesamtentwicklung der Gesellschaft zugrunde? enthält zugleich die Antwort: Nein!, – dies ist nicht der Fall.

Mit dieser Fragestellung und der in ihr enthaltenen Forderung, die Staats- und Rechtswissenschaft habe der Ausdruck der Gesamtentwicklung der Gesellschaft zu sein, hat Baumgarten den Boden der Staats- und Rechtswissenschaft seiner Zeit – der Epoche des Imperialismus – verlassen. Das ideologische Fundament dieser Epoche ist der Positivismus, dessen Charakteristikum gerade darin besteht, diese Frage auszuschließen, die juristische Wissenschaft als gegenüber allen anderen Wissenschaften autonom, ihnen gegenüber selbständig, zu konstituieren – eine Wissenschaft zu sein, deren Grundlage die faktisch bestehenden bürgerlich-kapitalistischen Machtverhältnisse sind und deren Funktion darin besteht, die sich unter diesen ökonomischen Machtverhältnissen herausgebildeten staatlichen und rechtlichen Institutionen zu fixieren. Schon die Fragestellung Baumgartens enthält die umfassende Negation des Positivismus. Sie knüpft gerade bei dem wieder an und erhebt zur unabdingbaren Grundlage der Wissenschaft, was der Positivismus verleugnen zu können glaubt, die Notwendigkeit, Staat und Recht in der Entwicklung der menschlichen Gesellschaft ihren

Platz zuzuweisen. Dies war die Fragestellung der aufsteigenden bürgerlichen Gesellschaft, die den Kampf gegen die klerikale Staatsauffassung führte, die Fragestellung der progressiven Phase der Entwicklung der Bourgeoisie, der Aufklärung und ihrer Vorläufer.

Indem Baumgarten zu der alten Problemstellung zurückkehrt, stellt er zugleich die Frage: Sind in der Epoche des Imperialismus die Voraussetzungen für eine solche Wende gegeben – für die Abkehr vom Positivismus und der Apologetik? Er durchschaut in seinem großen zweibändigen Werk „Die Wissenschaft vom Recht und ihre Methode" den Stand der Rechtswissenschaft zu Beginn der zwanziger Jahre und kommt zu der Feststellung: Die Voraussetzungen für eine solche Wendung sind nicht gegeben.

> „Weil wir heute keine gemeinsame, wahrhaft befriedigende Weltanschauung haben, steht es schlimm mit der Rechtsphilosophie; weil wir im Begriffe sind, uns zu einer solchen Weltanschauung durchzuringen, darf auch die Rechtsphilosophie auf eine bessere Zukunft hoffen. Für die heutige Rechtsphilosophie lautet die Parole: ausgehend von den durch die Betrachtung des Rechts angeregten Denkmotiven wollen wir an dem Erwerb einer Weltanschauung mitarbeiten! Dementsprechend wird die Rechtsphilosophie, wenn sie etwas taugen soll, wohl noch für längere Zeit eher einen fragmentarischen, ja vielleicht sogar tumultuarischen Charakter tragen als in der Gestalt eines fertigen schön gerundeten Systems auftreten."[3]

[3] Baumgarten, A., Die Wissenschaft vom Recht und ihre Methode. Tübingen 1922, S. 580.

Philosophie ist Weltanschauungslehre, stellt Baumgarten fest. „Rechtsphilosophie ist der Teil der Philosophie, in dem dem Recht seine Stellung im Weltbau angewiesen wird.“[4] Allein hier stellt Baumgarten fest, daß zu seiner Zeit die philosophischen Fundamente nicht mit Bewußtheit in das Recht hineingetragen werden. Vielmehr wird – unter dem Motto des Vorrangs der Methode – der innere Gehalt der Rechtslehre nur noch aus der Interpretation des faktisch bestehenden Rechts gewonnen. Die Philosophie, das Denken, die Weltanschauung, haben sich der Faktizität zu beugen. Die Rechtslehre kommt vollauf in das Schlepptau der herrschenden positivistischen Methode der Rechtsbildung und der Rechtsanwendung. „Aber“, sagt Baumgarten, „schon Spinoza hat darauf aufmerksam gemacht, daß Recht setzen und gutes Recht setzen verschiedene Dinge sind ...“.[5]

> „Daß das Recht aus dem Recht begründet wird, geht meistens in der Weise zu, daß aus irgendwelchen einzelnen Rechtsdisziplinen überkommene Rechtsanschauungen in der Form von Begriffen, in denen sie einen Niederschlag gefunden haben, entnommen und in anderen Rechtsgebieten zur Erklärung rechtlicher Einrichtungen verwertet werden.“[6]

Daher hat der Begriffskultus „heutzutage keineswegs nur noch historisches Interesse“.[7] Er ist – schreibt

[4] Baumgarten, A., Die Wissenschaft vom Recht und ihre Methode. Tübingen 1922, S. 580.

[5] Ebenda, S. 607. [6] Ebenda, S. 607/608.

[7] Ebenda, S. 608.

Baumgarten – bis zur Stunde erhalten geblieben, wenn auch nicht in der alten Form.[8] Wesentlich aber ist, daß die Kraft des denkenden Verstandes den Formalismus nicht durchbrochen hat.

> „Es ist nicht unverständlich, daß, wie die meisten Menschen überhaupt, so auch unsere Juristen zögern, in die Schranken des Kampfes um eine Weltanschauung zu treten, ...“[9]

daß sie es vorziehen, „... ihre Zuflucht zum Relativismus zu nehmen ...“ – oder aber „... dem Recht ein relativ bestimmtes Ziel stecken“. Allein „der Relativismus ist das Prinzip der Prinzipienlosigkeit.“[10] Baumgarten läßt die herrschenden bürgerlichen Schulen Revue passieren und prüft sie auf ihren Gehalt. Sie alle werden als zu leicht befunden, um den Problemen der Zeit standzuhalten.

Hermann Cohen (1842–1918) mußte mit seiner aus der Identifizierung des Rechts mit der Ethik geschlußfolgerten Forderung nach Reformen des Wirtschaftslebens Schiffbruch erleiden, weil er mit seiner abstrakt ethischen Begriffsbestimmung keinen Einfluß auf die Arbeiterklasse gewinnen konnte.[11]

Rudolf Stammler (1856–1938), der vielleicht auf das bürgerliche Rechtsdenken der einflußreichste Rechts-

[8] Baumgarten, A., Die Wissenschaft vom Recht und ihre Methode. Tübingen 1922, S. 608.

[9] Ebenda, S. 580. [10] Ebenda, S. 580.

[11] Baumgarten, A., Die Geschichte der abendländischen Philosophie. Leipzig 1949, S. 526ff.

philosoph der zwanziger Jahre war, der sich in einem besonderen Werk „Wirtschaft und Recht nach der materialistischen Geschichtsauffassung“ mit dem Marxismus auseinandersetzte, mußte an der Unfähigkeit scheitern, die materialistische Dialektik überhaupt zu begreifen. In seinem primitiven Schema der Unterscheidung von Sollen und Sein schreibt er dem bürgerlichen Liberalismus die Sphäre des Sollens und damit der Freiheit zu – dem Marxismus die Sphäre des Seins und behauptet, der Marxismus sei überhaupt unfähig, eine Sollenslehre und damit eine Rechtslehre zu entwickeln. Baumgarten hält dem Stammlerschen Dilettantismus den Freiheitsbegriff des Marxismus entgegen.

Die Planwirtschaft wird vom Marxismus gefordert, schreibt Baumgarten:

> „... um der Menschheit den Sprung aus dem Reiche der Notwendigkeit in das der Freiheit zu erleichtern. Die Freiheit, die der Menschheit bevorsteht, das ist ihr Gedanke, wird eine bessere, echtere sein als die, an der die Individualisten mit aller Zähigkeit festhalten. Andererseits werden diejenigen, die von einem liberalistischen Ideal schwärmen, nicht leicht zugeben, daß sie sich mit frommen Wünschen tragen, denen durch die ehernen, die Wirklichkeit beherrschenden Gesetze die Erfüllung versagt ist.“[12]

Baumgarten stimmt Leonhart Nelson (1882–1927) in der Feststellung zu, die er im Titel seines Haupt-

[12] Baumgarten, A., Die Geschichte der abendländischen Philosophie. Leipzig 1949, S. 528.

werkes trifft „Rechtswissenschaft ohne Recht" – der Feststellung, daß dem Recht die Bestimmung durch die Rechtsidee fehle. Nelson will sie durch die Aufdeckung der verdeckten Vernunftserkenntnisse ans Tageslicht ziehen; die empirischen Erscheinungen des Rechts auf ihren Vernunftskern herausschälen. Allein in dem induktiven Verfahren, das Nelson zur Ausfindigmachung der allgemeingeltenden Rechtsprinzipien vorschlägt, sieht Baumgarten zurecht seine Unfähigkeit, über den bürgerlichen Liberalismus und Individualismus hinauszugehen.

Nelson – sagte Baumgarten – gibt dem Empirismus nicht die Wendung, die ihn befähigen würde, der Gesellschaft unserer Zeit eine fruchtbare praktische Plattform zu gewähren. Die Postulate, die Nelson aufstellt, haben einen sozialistischen Einschlag, der das Bürgertum veranlaßt, ihm kein Gehör zu schenken, und sie sind zu schematisch, zu lebensfern, um der Politik der Arbeiterschaft als maßgebliche Direktiven dienen zu können.

Auch die französische Rechtswissenschaft ist nicht mehr in der Lage, die objektive Gesetzmäßigkeit im Recht zu erkennen und es darauf aufzubauen. Baumgarten stellt bei dem bedeutendsten französischen Rechtsphilosophen des zwanzigsten Jahrhunderts, Duguit (1859 bis 1928), den völligen Verfall in die Apologetik fest. Mit Bezug auf die These Duguits, die Grundfragen des Rechts mit den beiden Worten „Gerechtigkeit" und „Solidarität" zu erfassen, stellt Baumgarten fest, daß hierbei weniger der Ausgangspunkt, sondern die Frage, wie diese Prinzipien sich in der Rechtslehre durchsetzen, das Problematische sei. Mit Bezug darauf trifft Duguit nur die Feststellungen, daß die Majorität der Menschen von dem Bewußtsein des richtigen sozialen Verhaltens erfüllt sei und daß die Rechtspflege diesem erfreulichen Stande des öffentlichen Gewissens im großen und ganzen entspreche. Die hervortretende Diskrepanz der herrschenden Rechtsverhältnisse zu dem Willen der Massen achtet Duguit gering – und das, was er vorschlägt, bedeutet – wie Baumgarten feststellt – nicht mehr „als daß einige Tropfen sozialen Öls in unsere grausame gesellschaftliche Maschinerie hineingeträufelt" werden.

So deckt Baumgarten auch das Grundübel der rechtssoziologischen Schulen auf. Sie suchen das Recht, den Bedürfnissen der Sicherung der Gesellschaft anzupassen und eine an der Gesellschaft und ihren Bedürfnissen orientierte Methode zu erarbeiten. Diese Schulen tragen einen empirisch-apologetischen Charakter. Sie empfehlen dem Richter,

> „... seine Entscheidung nicht sowohl aus den Begriffsformeln abzuleiten, in die die positiven Rechtssätze gekleidet waren, als sie vielmehr gemäß der von ihm erworbenen Lebenserfahrung und dem ihm innewohnenden Rechtsgefühl in Einklang mit den Verkehrsbedürfnissen zu bringen. Man verlangte vor allem mehr Lebenskunde und gesundes Rechtsempfinden für die Rechtsprechung; das Postulat

gesellschaftswissenschaftlicher Erkenntnis stand an zweiter Stelle."[13]

Aber hieraus zieht Baumgarten den Schluß – und damit hat er den Boden der bürgerlichen Rechtswissenschaft bereits verlassen –, daß mit dem Aufgeben des „Postulats der gesellschaftlichen Erkenntnis" und damit der Forderung, eine entsprechend umwälzende Praxis zu entfalten, die gesellschaftliche Verantwortlichkeit und Solidarität selbst aufgegeben werden. Darin unterscheidet sich Baumgartens Position von den sogenannten soziologischen Rechtsschulen, die sozial-reformistische sind. Baumgarten stellt fest, daß sich diese Schulen auf die Angleichung des Einzelnen an die Gesellschaft konzentrieren, aber völlig die wichtige Frage übergehen, ob denn diese Angleichung überhaupt natürlich oder widernatürlich ist, menschlich oder unmenschlich, Aufrichtung des Menschen oder seine Vernichtung. Er spricht ein vernichtendes Urteil über die ganze soziologische Richtung in der bürgerlichen Rechtswissenschaft, wenn er von der soziologischen Strafrechtsschule feststellt: Der Gedanke – der positiven Bildung und Umbildung der bestehenden Gesellschaftsverhältnisse –

„... der die Quintessenz der neuzeitlichen Ethik darstellt, leuchtet auf in den strafrechtlichen Diskussionen, aber er leuchtet nur auf, um alsbald wieder

[13] Baumgarten, A., Die Geschichte der abendländischen Philosophie. Leipzig 1949, S. 531. [Hervorhebung vom Verfasser – K. P.]

zu verblassen. Das darf uns nicht wundernehmen. Das Prinzip der solidarischen Verantwortlichkeit fordert, wenn man es völlig ernst mit ihm meint, eine Reform der Gesellschaft an Haupt und Gliedern, in der das Strafrecht nur eine sekundäre Rolle spielt, und eine solche Reform muß im gegenwärtigen Zeitalter sozialistische Züge tragen. Unsere Kriminalisten dachten begreiflicherweise nicht daran, vom Strafrecht aus das bestehende gesellschaftliche Regime aus den Angeln zu heben, um ein neues zu begründen. Sie sannen auf kriminal- und sozialpolitische Maßnahmen, die sich von jedem politischen Standpunkt aus billigen ließen und daher die Aussicht böten, in absehbarer Zeit akzeptiert zu werden. Damit war ein nachhaltiges Sicheinsetzen für ein neues Ethos nicht wohl vereinbar."[14]

[14] Baumgarten, A., Die Geschichte der abendländischen Philosophie. Leipzig 1949, S. 532/533.

In seiner Rede auf der Feier, die von der Schweizer Partei der Arbeit anläßlich seines sechzigsten Geburtstages veranstaltet wurde, legte Baumgarten die Gründe dar, die ihn zum Marxisten werden ließen:

„... der Dämon des Klasseninteresses hinderte das Bürgertum an der Erfüllung der Pflicht, er zwang es, in seiner Philosophie, seiner Soziologie, seiner Rechtswissenschaft der Stellungnahme zu den letzten Fragen des menschlichen Zusammenseins auszuweichen, was einen Niedergang des gesamten höheren Geisteslebens zur unausweichlichen Folge hatte. Die Mission, den Kapitalismus durch den Sozialismus zu ersetzen, fiel der Arbeiterschaft zu. Die Arbeiterschaft kann die Mission erfüllen, weil sie ein materielles Interesse an dem Regimewechsel hat und das materielle Klasseninteresse der stärkste unmittelbar geschichtsbildende Faktor ist. Dazu kommt, daß die Arbeiterschaft zu einer schlichteren, objektiveren Auffassung der Wirklichkeit befähigt ist als das Bürgertum, weil ihr Geist nicht mit den zahlreichen komplizierten Ideologien belastet ist, die das Bürgertum zur Wahrung seiner Machtpositionen allmählich ausgebildet hat."[1]

Dies war die Erkenntnis, zu der sich Baumgarten durchgerungen hatte: das Klasseninteresse der Bourgeoisie versperrt ihr den Weg zur Wahrheit, wie es ihr den Weg des Denkens versperrt. Die Wahrheit selbst ist nur denen gegeben, die den Fortschritt der Menschheitsentwicklung verkörpern. Sie steht nicht über dem geschichtlichen Entwicklungsprozeß, sondern in ihm, sie ist das Instrument, die Waffe seiner Entfaltung. Wie die Bourgeoisie um ihrer Klasseninteressen willen jederzeit bereit ist, die Wahrheit zu verleugnen und mit der Macht des denkenden Verstandes und der menschlichen Solidarität zu brechen, so brauchte die Arbeiterklasse die Wahrheit, die Kraft des denkenden Verstandes, um mit ihm alles Unvernünftige und Unwahre aus der Gesellschaft zu verjagen, die Gesetzmäßigkeit der Gesellschaft selbst zum Durchbruch zu bringen und damit auch die menschliche und gesellschaftliche Solidarität.

Baumgarten berichtet über den Weg, wie sich der Bruch vollzog. Der Machtantritt des Faschismus hätte für das Bürgertum Alarmzeichen sein müssen:

„Vielleicht würde angesichts der größten Gefahr, von der die neuzeitliche Kultur je bedroht war, der liberal-demokratische Gedanke eine Wiedergeburt er-

[1] Professor Dr. Arthur Baumgarten. Zu seinem 60. Geburtstag. Schriftenreihe der P d A, 1. Basel 1944, S. 27/28.

leben und in seiner zweiten Gestalt ungleich geistesmächtiger sein als in der ersten. Die Chance war in der Tat gegeben, aber sie wurde nicht wahrgenommen. Wieder waren mir zusammen mit manchem anderen die bittersten Enttäuschungen beschieden. Es blieb nun nur noch die Hoffnung auf die sozialistische Bewegung."[2]

Nun sah Baumgarten, nachdem die westlichen Demokratien versagt hatten, nur noch im Sozialismus, in der Sowjetunion, die Zukunft. Entweder mußte „es noch viel ärger kommen in der Welt, bevor die Ideen, denen ich anhing, die Herrschaft über die Gesellschaft erwerben würden, oder es waren in der sozialistischen Arbeiterbewegung geistige Kräfte am Werke, die ich bisher verkannt hatte. Ich begann nun, dem neuen Rußland meine Aufmerksamkeit zuzuwenden". Er studiert den Sozialismus dort, wo er sich am deutlichsten zeigt: in dem ersten sozialistischen Staat.

> „Daher beschäftigte ich mich jetzt mit ganz anderm Eifer mit dem neuen Rußland als zu der Zeit, da ich noch im Stillen den maßgeblichen Impuls von der bürgerlichen Seite erwartete. Im Jahre 1935 verweilte ich einige Wochen in Rußland und vertiefte mich nach meiner Rückkehr in die Werke Lenins und Engels zurück."[3]

Baumgarten überprüft all seine früheren Positionen.

[2] Professor Dr. Arthur Baumgarten. Zu seinem 60. Geburtstag. Schriftenreihe der P d A, 1. Basel 1944, S. 26.

[3] Ebenda, S. 26.

Er sagt später – 1944 – darüber:

„Wenn ich jetzt auf meine Bemühungen, die in ziemlich zahlreichen Publikationen Ausdruck fanden, zurückblicke, dann habe ich den Eindruck, daß sie nicht gänzlich vergeblich gewesen sind. Ja ich kann mich zu ihren Ergebnissen im wesentlichen noch heute bekennen. Meine Philosophie, wenn ich so sagen darf, enthielt einen schweren Fehler, aber der Fehler war korrigierbar. Er war deshalb korrigierbar, weil ich mich in meiner wissenschaftlichen Arbeit von Anfang an an den Leitsatz des englischen Philosophen Hume gehalten hatte: Erfahrung – unsere Lehrmeisterin.“[4]

Er macht sich an die Überarbeitung seines Hauptwerkes „Die Wissenschaft vom Recht und ihre Theorie“. Das Resultat dieser Arbeit ist die 1939 erschienene kleine Methodenlehre, die unter dem Titel „Grundzüge der juristischen Methodenlehre“ in Bern veröffentlicht wurde. Hier vollzieht Baumgarten den Übergang zu der Marxschen Lehre:

„Die Gesellschaftslehre der Aufklärung fordert, daß Freiheit, Gleichheit und Brüderlichkeit unter den Menschen herrschen, und ist des Glaubens, diese Forderung durch politische Reformen, durch die Einführung demokratischer Einrichtungen verwirklichen zu können. Wir wissen heute, daß unter dem kapitalistischen System, das damals fast allgemein akzeptiert wurde, Freiheit, Gleichheit und Brüderlichkeit unmöglich sind, daß man, um die Ziele zu

[4] Ebenda, S. 24.

erreichen, die den großen sozialen Denkern vorschwebten, den Hebel vor allem auf wirtschaftlichem Gebiet ansetzen muß, daß die kapitalistische Privatwirtschaft durch eine planmäßige Gemeinwirtschaft zu ersetzen ist".[5]

Baumgarten sieht die Lage aus der Perspektive des Jahres 1939, als erste Besinnung und Sammlung aller Kräfte gegen Krieg und Faschismus anhoben, und er schreibt, wenn „... jedem, der Augen hat und sehen will, ein enger Zusammenhang zwischen der klassenmäßigen Struktur einer Gesellschaft und ihrem gesamten Geistesleben erkennbar wird, so ist das vor allem Marx zu verdanken".[6]

Allein die Uhr des Kantianismus und des Neukantianismus, die, alles inhaltlichen Substrates bar, der bürgerlichen Rechtslehre die Fundamente des Formalismus lieferte, ist heute abgelaufen. An ihre Stelle tritt eine Rechtslehre, die aufgebaut ist auf der Erkenntnis der Notwendigkeit einer neuen Gesellschaft und damit eine „... materielle Ethik, aus der sich allein die Forderung einer durchgreifenden Umgestaltung des Gesellschaftslebens ableiten läßt".[7] Hier wird der Traum zur Wirklichkeit, der im achtzehnten Jahrhundert geträumt wurde, als man „... an die Vervollkommnungsfähigkeit des Menschen ..." glaubte, „... an seine Fähigkeit, sich aus

[5] Baumgarten, A., Grundzüge der juristischen Methodenlehre. Bern 1939, S. 88/89.

[6] Ebenda, S. 89.

[7] Ebenda, S. 90.

eigener Kraft eine bessere, seiner höhern Natur würdigere Zukunft zu schaffen. Man hat diesen Glauben aufgegeben, weil er zu Opfern verpflichtet, die man zu tragen nicht bereit ist".[8]

> „Noch ehe der den Fortschritt hemmende Wall seine volle Höhe erreicht, wird von Marx eine Lehre von erstaunlicher Explosivkraft aufgestellt. Diese Lehre wendet sich nicht an das Bürgertum, denn das Bürgertum ist nach Marx in einer Ideologie befangen, die eine adäquate Erkenntnis des geschichtlichen Prozesses unmöglich macht."[9]

Dies ist die Ideologie des Proletariats. Und hier erhebt Baumgarten bittere Vorwürfe gegen die Ideologie der Klasse, der er selbst entstammt, und erkennt hier die letzte Kontradiktion in der weltgeschichtlichen Entwicklung: Einheit der Gesellschaft unter dem Banner des Aufbaues der sozialistischen, den Interessen und den Bedürfnissen der Menschen entsprechenden Gesellschaft – oder gegenseitige Zerfleischung durch Krieg.

> „Je klassenbewußter das Proletariat wurde, je mehr es eine revolutionäre Haltung anzunehmen drohte, um so mehr mußte die herrschende Klasse ihr Heil im kriegerischen Nationalismus suchen, da man mit den wirtschaftlichen Konzessionen, an denen man es auch nicht fehlen ließ, schließlich in eine Sackgasse zu geraten drohte. Der Krieg hat von jeher zum Geschäft des Kapitalismus gehört, aber davon ist

[8] Ebenda, S. 90/91.
[9] Ebenda, S. 91.

hier nicht die Rede. Es handelt sich vielmehr um den Kriegsgedanken als den einzigen Integrationsfaktor, der nach geschichtlicher Erfahrung stark genug ist, um wenigstens eine Zeitlang innerhalb der einzelnen Völker den Umsturztendenzen wirksam entgegenzutreten."[10]

Jahrzehnte hatte Baumgarten gedacht, in das positive, das konstruktive Moment – den Motor – einzudringen, unter dem die Interessen von Gesellschaft und Volk zu einer Einheit zusammenfließen. Er erkennt, daß der imperialistischen Bourgeoisie nur noch der Weg bleibt, im Krieg die Einheit der Nation zusammenzuschweißen, was zugleich der Untergang der Nation ist. Er kommt zu der Feststellung, daß in dieser letzten Phase, in der Barbarei, Rechtlosigkeit und Zerstörung durchbrechen, der Umsturz der kapitalistischen Gesellschaft zur unabdingbaren Notwendigkeit wird.

Als Völkerrechtler hat Baumgarten die Kriegsvorbereitung als Mittel der Abwendung der inneren Umsturzgefahr und der Unterdrückung der Völker und der Menschen klar erkannt. Er setzt sich mit ganzer Kraft für die Durchsetzung der Prinzipien der Antihitlerkoalition und der Charta der Vereinten Nationen ein – weil der Krieg und seine Vorbereitung Mittel der Unterdrückung der Völker sind.

Der Grundtenor seines Wirkens ist die tiefe Erkenntnis, daß alles Große, alles Fortschrittliche vom Volke

[10] Ebenda, S. 92.

kommt; in ihm lodert das Feuer der Wissenschaft, die jetzt auf ihren wahren Grund gestellt ist und zu ihrer höchsten Vollendung dort kommt, wo sie sich den Massen mitteilt, die Bewußtheit der Massen fördert, so von der Theorie zur Praxis wird, zu der gestaltenden Kraft der geschichtlichen Entwicklung selbst. In dem Geistigen, von dem Goethe sagt, daß es „des Lebens Leben ist", liegt die ungeheure Vitalität, die Unerschöpflichkeit der Energie Arthur Baumgartens.

In der sozialistischen Gesellschaft hat er das gefunden, wonach er stets suchte: denkenden Verstand, der sich mitteilt und in dieser Mitteilung zu einem Instrument der Schaffung menschlicher und gesellschaftlicher Solidarität, der Freiheit und der Sittlichkeit wird.

Baumgarten folgte nach der Befreiung Deutschlands vom Hitlerfaschismus der Berufung an die Universität in Leipzig. Die sozialistische Staatspraxis, mit der er jetzt in unmittelbare Berührung kommt und an deren Entwicklung er tatkräftig teilnimmt, beflügelt sein Denken. Er entfaltet eine gewaltige Wirksamkeit als akademischer Lehrer, als Forscher, als Publizist, in der unmittelbar politischen Tätigkeit, und nimmt zu allen aktuellen Fragen Stellung.

Mit welch immenser Kraft und Intensität beginnt Baumgartens neues Wirken nach dem zweiten Weltkrieg in unserer Republik. Keiner hat in gleicher Weise das heilige Feuer für die neue Welt in unsere Jugend gepflanzt wie Arthur Baumgarten. Aus welch gewaltiger

Schatzkammer des Wissens, der Überzeugungskraft und Feinheit des Denkens kann er schöpfen, wie brillant ist sein Vortrag, welcher Reichtum menschlichen Denkens tritt uns in ihm entgegen und wie wird in ihm sichtbar, daß alles Große, was gedacht wurde, seine Aufhebung – weil Vollendung – im Marxismus und in der sozialistischen Staatsmacht findet.

Die so hergestellte Einheit von Theorie und Praxis ist für Baumgarten immer das Faszinierende. Hier findet sich das, was sich in der bürgerlichen Gesellschaft nie verwirklichen kann: die Tätigkeit der Gesellschaft als Ganzes, wie des einzelnen, auf den Boden des denkenden Verstandes zu stellen und so die menschliche Praxis auf eine höhere Stufe der Entwicklung zu heben. Das ist auch der letzte Quell seiner Begeisterung für die Sowjetunion.

> „Aber der Marxismus ist keine Utopie. Die marxistische Wissenschaft regelt auf immer weiteren Raum die wichtigsten Beziehungen zwischen den Menschen. Sie hat nicht den esoterischen Charakter der platonischen Dialektik, die einer kleinen Elite vorbehalten bleiben sollte, sie hat demokratische Tendenzen. Zweifellos ist es nicht jedermanns Sache, den Marxismus bis in alle Verzweigungen und Einzelheiten hinein völlig zu bemeistern, aber die Grundprinzipien der Gesellschaftslehre des Marxismus, die sein Kernstück bilden, sind so einfach und einleuchtend, finden eine solche Bestätigung in den Erfahrungen des täglichen Lebens, daß jeder sie sich aneignen kann. Wenn man sie in der Sowjetunion zur Basis des ge-

samten Unterrichts macht, so ist das ergreifend für jeden Wissenschaftler, denn auf diese Weise werden allmählich in der ganzen Gesellschaft Aberglauben und Vorurteil vom Lichte der Wissenschaft verscheucht werden."[11]

[11] Baumgarten, A., Die deutsche Wissenschaft in ihrem Verhältnis zur Sowjetunion. Berlin 1952, S. 7.

Erschienen im Akademie-Verlag GmbH, Berlin
Lizenz-Nr. 202 · 100/253/59
Gesamtherstellung Druckhaus „Maxim Gorki“, Altenburg
Bestell- und Verlagsnummer 5358
Printed in Germany
ES 5 C 1

FSC
www.fsc.org
MIX
Papier | Fördert
gute Waldnutzung
FSC® C083411

Kolibri 360 GmbH
Ferdinand-Jühlke-Straße 7
99095 Erfurt, Deutschland
produktsicherheit@kolibri360.de